Mein besonderer Dank
gilt:

Claudia,
du hattest die Idee,

Anja,
du wusstest, wie es geht,

und
Antje-Marie,
du hattest die Geduld.

DANKE

Für Gabi,
die Erste, für die ich ein Gedicht geschrieben
habe.
Sie wird es nicht einmal wissen.

Für Jeannette, Viola, Barbara und Claudia.
Über sie und für sie
sind die meisten meiner Gedichte geschrieben.

Und für Antje-Marie,
meine Frau,
für die ich nie ein Gedicht geschrieben habe,
weil ich sie wirklich liebe.

Wenn die Fantasie den Verstand überholt

Gedichte von
Andreas Horn

Mit Fotos von Svenja Horn

Herstellung und Verlag: Books on Demand GmbH,
Norderstedt

ISBN 3-8334-3184-9

WIE SO EIN GEDICHT ENTSTEHT

Erst ist es nur eine Idee, ein Gedanke,
den ich zu halten versuche.
Fast wie ein wildes Pferd,
das zugeritten wird,
windet er sich unter den Sporen seines Reiters
und wenn es gelingt,
ihn zu zähmen
ohne ihn zu verletzen oder gar zu töten,
ist es nicht mehr weit
bis zu einem Gedicht.
Ich beginne mit dem Gedanken zu spielen,
ihn mit Worten zu umstellen
und dann die Worte in unser Spiel
einzubeziehen.
Wir tollen umher, fast wie Kinder,
doch plötzlich wird es still
und jedes Wort scheint seinen Platz gefunden.
Noch eine kleine Unruhe, eine kleine
Änderung,
fertig!

Und ich fühle mich gut,
so wie ich mich immer fühlen möchte,
denn jedes Gedicht ist schließlich ein Teil von
mir
für euch sichtbar gemacht.
Der schönste Weg sich mitzuteilen.

ZUTATENLISTE

Ein Stück von mir,
ein Teil Fantasie,
ein wenig Wahrheit,
und dann noch etwas Inspiration.

Das sind die Zutaten
für meine Gedichte.
Wie viel von jedem?
Das ist immer anders
und bleibt mein Geheimnis,
wo ist sonst der Reiz
für dich?

VERIRRT?

Auf dem Weg zu mir selbst
    kamen mir Zweifel
        und so wurde ich langsamer,
          blieb schließlich stehen,
            und nun weiß ich nicht mehr
             wo es lang geht.

VERGESSEN

Erst ließ mich die Liebe zu dir
nicht schlafen.
Dann quälte ich mich
dich zu hassen.
Und heute
weiß ich nicht mal mehr deinen Namen.

VERBRANNT

Das Wachs
zwischen den Flügeln
geschmolzen.
Der Sonne zu nahe,
wollte ich
zuviel
und bin

abgestürzt.

GRUNDSATZ

Früher sagte ich mir
für eine Frau,
die ich liebe,
würde ich alles tun.
Sehr naiv
und
sehr selbstzerstörerisch.

Heute sage ich mir,
für eine Frau,
die mich liebt,
würde ich alles tun.
Auch sehr naiv.
Aber
auch viel gesünder.

POSITIONEN

Meine Fantasie
mag wohl
grenzenlos sein.

Mein Mut und
mein Verstand
wohl eher
nicht.

SEHNSUCHT

Sehnsucht
ist unheilbar.
Aber mit
Lesen,
Naschen,
Rauchen,
Schlafen,
Schreiben,
Trinken,
Verreisen,
ist alles viel leichter.
Nur
denken
sollte man lieber nicht.

WUNSCHBRIEFKASTEN

Wenn meine Angst mich nachts nicht schlafen
lässt,
dann wünsche ich mir Geborgenheit.
Wenn mich die Einsamkeit gefangen hält,
dann wünsche ich mir Zärtlichkeit.
Wenn mein Ich vor Sehnsucht schreit,
dann wünsche ich mir Liebe.

Wenn ich dich sehe,
vergesse ich alle anderen Wünsche.
Dann wünsche ich mir
dich.

MÄRCHEN

Ich lese gerne Märchen.
Doch hoffe ich
„es war einmal …"
nie sagen zu müssen,
wenn ich von dir
rede.

DU FEHLST MIR

Ich habe mir überlegt,
ob Gefühle
nur eine begrenzte Reichweite haben.
Das heißt,
ob sie mit zunehmender Entfernung
schwächer werden.
Aber eine endgültige Antwort
habe ich nicht gefunden.
Zwar scheitern viele Beziehungen
schon an wenigen Kilometern,
aber es gibt auch Beispiele,
bei denen die Entfernung eher
als Verstärker fungiert.
So wie bei dir und mir,
denn oft zeigt erst der Mangel,
wie sehr man etwas braucht.
Und seit du weg bist
weiß ich
du fehlst mir.

ÜBERHOLT?

Wenn die Fantasie
den Verstand
überholt,
hält man dich für
verrückt.
Für solche riskanten Manöver
gehört man eingesperrt.

Aber vielleicht gibt es ja eine Welt
in der sich Gefühle
nicht nur in
verkehrsberuhigten Zonen bewegen.

VERSICHERUNG

Neulich fragte ich
einen Versicherungsvertreter,
ob er mich gegen
Liebeskummer
versichern kann.
Er hat mich nicht verstanden.
Verstehst du mich?

GEDANKEN

Gedanken
In meinem Kopf
Wie Schnellzüge
Ohne Haltestellen
Werden immer schneller
Und
NEIN!
Entgleisen
Entgleiten
Und werden zur Qual
Grenzenlos
Viel zu viel
Bis auch ich
Entgleise
Entgleite
Dann sind die Qualen
Vorbei
Nur was bleibt dann?

FREIFLUG

Dann hoben wir ab,
ließen die Welt hinter uns
und im freien Fall unserer Gefühle
streiften wir die Grenzen unserer Fantasie.

Jeder Blick aus deinen Augen,
ließ den Schmetterling in meinem Bauch
seine Flügel erneut schwingen.

Jeder Blick in deine Augen,
ließ mich ahnen,
dass der weite Weg, den wir gehen wollten,
mir dennoch zu kurz sein würde.

Und so wünschte ich mir
nur für ein paar Augenblicke die Macht,
die Macht, die Zeit anhalten zu können,
um aus diesen schönen Sekunden
Stunden, Tage oder Ewigkeiten werden zu
lassen.

Dann spürte ich deine Umarmung,
obwohl du mich nicht einmal berührtest,
so nahmst du mir auch die Angst vor dem
Ende
und mir kam die Gewissheit,
dass nichts auf dieser Welt die Kraft hat,
zu zerstören, was uns für diese Sekunden
verband.

Schließlich kam, was kommen musste,
doch ich erlebte etwas völlig Neues,
denn auch der Abschied machte mich nicht
traurig,
sondern ließ mich hoffen.
Nicht auf Wiederholung,
denn diese Momente bringt uns keiner zurück,
aber auf neue Ausflüge mit dir,
auf neue Wanderungen in anderen
Dimensionen,
wandern auf schmalen Pfaden,
breit genug für zwei Menschen,
zwei, die sich auch ohne Worte verstehen.

Denn welche Sprache der Erde,
hat schon Worte für das,
was wir gemeinsam erleben,
erlebten, erleben werden.

Und bevor ich doch in Versuchung komme,
etwas in Worte zu kleiden,
für das es keine Worte gibt,
lass ich meine Gedanken hier enden
und behalte den Rest für uns.

NOCH IMMER

Noch immer
macht es Spaß
dich anzusehen
und auch
die Angst,
dass du mich
nicht mehr inspirierst
war falsch.

Noch immer
rennen
meine Gedanken
mich fast um,
schau ich zu
dir.

Noch immer
mag ich dich.

Warum auch
nicht?

WINTERGEDANKEN

Durch das Fenster
schau ich
dem Schneetreiben zu.

Wie es wohl wäre,
eine Schneeflocke
zu sein?

Da fällt mir ein,
gar nicht so schlimm,
wenn du
die Flocke
neben mir wärst.

WELTANSCHAUUNG

Wäre die Welt ein Gedicht,
möchte ich der Dichter nicht sein.
Mit so wenig Fantasie
kann ich nicht arbeiten.

AUF WIEDERSEHEN

Auf Wiedersehen,
wenn du willst,
wann du willst,
wo du willst.

Oder
einfach nur
mach's gut.

FÜR B. (GANZ IM ERNST)

Weil du mir nicht traust,
trau ich mich nicht mehr
nett zu sein.

Denn ich will mich nicht mehr
jedes Mal entschuldigen müssen,
wenn ich zu nett war.

Denn ich will nicht mehr
bei jedem Wort überlegen,
ob du es falsch verstehen wirst.

Schade,
dass du mich nicht nehmen kannst
wie ich bin,
denn
es gibt mich nicht anders.

GRENZLAND

Denk ich an dich
bewege ich mich
im Grenzland,
im Grenzland unserer Gefühle.

Ich hoffe,
ich habe deine Grenze
nie verletzt,
war nie zu weit
in deinen Gefühlen.

Auf meiner Seite
gab es keine Grenze,
du hattest freie Bahn,
doch bliebst du stehen.

Hattest du für deine Grenze
keinen Passierschein?

VERWÜNSCHT

Eine zeitlang
quälte mich der Wunsch
dich einfach zu küssen.

Dazu kam es jedoch nie.

Nicht zuletzt
hatte ich Angst
es würde andere
Wünsche wecken.

LIEBE?

Ich mag dich
das ist mir klar.
Doch soll ich
von Liebe sprechen,
wenn ich
nicht mal
deine Lieblingsfarbe
weiß.

WEGBESCHREIBUNG

Nicht immer
führt ein Weg
direkt
zum Ziel.

Manchmal
findet man
erst nach
schmerzhaften
Umwegen
das wirklich
Schöne.

Wer aber
bei der ersten
Schwierigkeit
aufgibt,
wird nie
wahre
Schönheit
finden.

ÜBER LIEBE UND ANDERE VERBRECHEN

Über Liebe und andere Verbrechen,
die sich Menschen so antun,
kann man viel reden
ohne etwas zu sagen.
Aber man kann auch etwas sagen
ohne viel zu reden.

Das werden dann Gedichte.

KOPFKINO

Wäre es nicht langweilig,
bei jedem Blick
eines Mannes
zu wissen
„der tut nix,
der will nur spielen!"

Ist es nicht spannender
sich vorzustellen,
wo er in seiner Fantasie
gerade mit dir ist.

Ist es nicht spannender
in der eigenen Fantasie
Sachen mit ihm zu machen,
die er sich
nicht einmal
vorstellen kann.

Ihm gegenüber
kannst du ja eiskalt
und abweisend sein.
Die Stellen, an den merken würde,
wie es um dich steht,
wird er nie erreichen.

TRÄUME

Am schwersten ist es
wenn ich in deine Augen schaue.
Dann falle ich
in die Grenzenlosigkeit meiner Fantasie
und träume,
dass du mich hältst.

In deinen Armen liegend
gerettet
und verloren.

Träume halt.

NOTBREMSE

Als ich dich sah
geriet mein Herz in Fahrt.
Von 0 auf 100
in Nullkommanichts.
Doch bevor wir
zusammenstoßen konnten,
zogst du die
Notbremse
und meine Gefühle
schossen quer durch den Raum.

Ich bin immer noch
beim Sortieren.

BESCHEIDENHEIT

Ich muss
lernen,
das zu schätzen,
was ich habe
und nicht immer
nur
von dem zu
träumen,
was ich
nicht haben
kann.

PERSONENBESCHREIBUNG

Um dich zu beschreiben
bräuchte ich viele Seiten,
viele Worte
und viel Zeit
oder einen Satz
„du bist du".

HEXENTANZ

Ich denk' bei Hexen
immer an alte, hässliche Weiber.
Nur, alt bist du nicht,
ganz im Gegenteil.
Und hässlich bist du auch nicht,
ganz im Gegenteil.
Aber verhext hast du mich trotzdem.

Bist wohl eine moderne Hexe.

CHAUVINIST

Manchmal sind Frauen
für mich nur Objekte.
Das macht mich krank.
Doch nun
hat eine Frau mir gesagt
ihr geht das auch so,
manchmal,
bei Männern.

SPAZIERGÄNGE IM NICHTS

Ich sollte glücklich sein,
ich kann es nicht.
Vielleicht bin ich glücklich,
aber ich kann mich nicht freuen.

Dann sollte ich wohl traurig sein,
ich kann es nicht.
Vielleicht bin ich traurig,
aber ich kann nicht weinen.

Ich befinde mich im Nichts,
irgendwo zwischen Gut und Böse,
lebe ich vor mich hin

und hoffe auf den Tag,
an dem mich eine Prinzessin wach küsst.

Dornröschen – modern,
aber hoffentlich keine hundert Jahre.

TABUS

Niemals frage mich,
was ich eigentlich
von dir will.
Dann müsste ich
darüber nachdenken
und vor der Antwort
habe ich
Angst.

NIE WIEDER

Die weiße Zimmerdecke fest im Blick
liege ich auf dem Rücken.
Meine Gedanken beginnen zu rollen,
zu rollen wie Waggons
auf einem Verschiebebahnhof.
Der Verschiebebahnhof meiner Gedanken.
Plötzlich ist er da,
der Tag, den ich vergessen hatte,
vergessen wollte.
Der Tag, an dem du mich verlassen hast.
Und wenig später,
der Tag, an dem ich schwor,
nie wieder.

Einige Jahre sind vergangen.

Gestern,
ein kurzer Blick,
unsere Augen fanden sich,
alles war wieder da,
nur wenige Worte,
dann klammerten wir uns aneinander,
wie Ertrinkende.
Die Woge der Gefühle
riss uns mit.

Heute,
liegst du neben mir.
Ich höre deinen gleichmäßigen Atem,
versinke wieder in den Traum
und sehe dein schlafendes Gesicht,
stehe auf, gehe,
denke, nie wieder.

Jedenfalls nicht heute.

EXPERIMENT

Hier läuft ein Versuch.
Wie lange
hält es jemand aus,
wenn man ihn zwei Menschen
gleich stark lieben lässt?

Wahnsinnig wird er
in jedem Fall.
Die Frage ist halt,
ob früher
oder später?

DER WIND

Waren das Tränen
in deinen Augen
als wir uns
verabschiedet haben?
Oder war das
nur der Wind?

Wenn es der Wind war,
hör ihm gut zu,
er hat viel
zu erzählen.

Wenn es aber
Tränen waren,
dann lass dich trösten,
denn es kann alles
so werden,
wie du es dir wünschst,
wenn du es willst!

ANREGUNGEN

Wie selten
jemand zuvor
bringst du mich
zum Schreiben.

Ich brauche
dich nur anzusehen
und die Gedanken
und Ideen
sprudeln über.

Alles
kann ich dir
sowieso
nicht sagen.

Bei Einigem
hab ich Angst,
bei Anderem
ist es sicher
noch zu früh

und für manches
wird es vielleicht
nie die Zeit
sein.

WIE FÄNGT ES AN?

Bevor ich Ehrlichkeit predige,
Sollte ich ehrlich zu mir selbst sein.

Nichts wird dadurch wahr,
dass man es mehrmals sagt.

Nichts wird dadurch wahr,
dass man sich wünscht
es wäre wahr.

Das zu begreifen
tut weh,
aber vielleicht
fängt es so an?

GRUNDLOS TRAURIG

Manche brauchen
für alles
einen Grund.
Ich nicht.
Ich bin
grundlos
traurig.

MANCHMAL

Manchmal
   Wenn wir uns länger
      In die Augen schauen
         Dann ist es schwer
            Dann möchte ich
               Dich berühren
            Doch mein Anstand
      Hindert mich
    Denn was würden Sie
   Wohl dazu
sagen

HEUTE NACHT

Heute Nacht
konnte ich nicht schlafen,
lag lange wach
und hab an dich gedacht.

Mir wurde klar,
wie wenig Zeit uns bleibt,
dann bist du weg.
Nicht ganz zum Glück,
doch fern genug,
dass du mir nicht mehr
helfen kannst,
wenn meine Probleme
mich erdrücken.

So kam ich zu der Lösung,
dass ich wohl alle
Probleme lösen muss
bevor du gehst.

KURVENDISKUSSION

Wie zwei Kurven sich nähern,
so näherten wir uns.
Unsere Bahnen verliefen
eine zeitlang parallel,
um sich dann
voneinander zu entfernen
und sich vielleicht
im Unendlichen
wieder zu treffen.

Es hätte Liebe sein können,
aber so bleibt es
höhere Mathematik.

QUARANTÄNE

Mein Herz lebt in Quarantäne,
es hat eine ansteckende Krankheit,
Liebe.
Und damit nicht noch mehr Herzen
davon befallen werden,
hat man es aus dem Verkehr gezogen.

IM REGEN

Nun steh ich
wieder
im Regen
vor deiner Tür.
Durchs Fenster
kann ich sehen,
aber dann werde ich nass.

Zwei Möglichkeiten
gäbe es,
trocken
zu bleiben.

EINS
Du öffnest
die Tür
und lässt mich
rein.

Oder

ZWEI
Du ziehst
die Gardinen zu,
dann gehe ich
nach Hause.

SO FREI?

Manchmal
denke ich
im Anfang
schon an
das Ende.

Damit
zerstöre ich
die Freude
am
Dazwischen.

Das ist
dumm!
Aber
meine Gedanken
sind so
frei.

WO BIST DU?

Wenn ich deinen Trost brauche
bist du nicht da.
Wenn ich deine Nähe brauche
bist du nicht da.
Wenn ich deine Liebe brauche
bist du nicht da.
Wo bist du?
Wenn du mich brauchst
dann bist du da!
Ist das fair?

ALARMSTUFE ROT

Als Mensch bist du
Interessant.
Als Frau bist du
Gefährlich.
Da schalte ich
lieber auf Alarm,
sonst verfange ich mich
in dir.

SIEGFRIED (GANZ ANDERS)

Ich habe
in meinem Herzblut
gebadet.
Jetzt bin ich
unverwundbar
wenn Amor Pfeile
auf mich schießt.

Aber vielleicht
malt jemand ein Kreuz
an die Stelle
auf der die Hoffnung lag.
Da müsste ich noch
verwundbar sein!

Hoffentlich.

ZU LIEB

Du hast gesagt
ich sei viel zu lieb.
Das versteh ich nicht.
Hättest du mich lieber
arrogant,
rücksichtslos,
gemein
oder hättest du mich lieber
gar nicht?

NOCH MAL VON VORNE

Manchmal
würde ich gerne
noch mal von Vorne beginnen.
Wie beim Mensch-ärgere-dich-nicht,
wenn man rausgeworfen wurde.
Und mit der Erfahrung,
die man hat,
könnte man
Fehler vermeiden.
Aber wenn ich überlege
doch nur,
um neue Fehler zu machen,
die vielleicht
viel schlimmer sind.
Also lieber nicht von Vorne,
sondern weiter
und Mensch-ärgere-dich-nicht
ist ja auch nur ein Spiel.

TRAURIG

Traurig
bin ich nicht.
Unzufrieden!
Manchmal mit anderen,
meistens jedoch
mit mir.
Vielleicht setze ich
meine Ziele
zu hoch.
Vielleicht bin ich auch nur
unfähig?
Das wäre
traurig!

MRS. UNIVERSUM

Mrs. Universum
bist du nicht.
Aber wenn ich
die Jury wäre,
hättest du
gute Chancen.

JE … DESTO…, UND GLEICH DREIMAL

Je mehr
von meiner Angst vor dir
verschwindet,
desto weniger
kann ich dir schreiben,
desto mehr
fällt in den Kasten
„noch zu früh".

Je länger
ich dich anschaue,
desto schwerer
wird es,
den Blick wieder abzuwenden,
mich auf anderes
zu konzentrieren.

Je mehr
ich versuche
dich zu verstehen,
desto weniger
wird mir klar.
Sogar Sachen,
die mir klar waren,
verwischen wieder.

MÄRCHENHAFT

Stell dir vor
eines Morgens
ist alles ganz anders.

Wir haben die Widerstände
aufgegeben
und die Ehrlichkeit hat gesiegt.

Wir halten uns fest
umschlungen.
Und weil wir
uns
soviel zu geben haben,
geben wir
einander
nie wieder her.

Sind das nur Märchen?
Nicht immer,
und dann ist es

märchenhaft.

AUSSENSTEHEND

Es ist interessant,
zwei Menschen zu beobachten,
die sich fast täglich versichern
nichts vom anderen zu wollen.

Dabei sehen sie nicht,
dass sie sich mit jedem Wort
mehr ineinander verstricken,
dass sie mit jedem Wort
einander näher kommen.

Hoffentlich gehen ihnen
die Augen auf,
bevor sie
zusammenstoßen
und sich
verletzen.

SPIEL MIT MIR

Bei klarem Verstand betrachtet
hat das Spiel mit dem Feuer,
das ich um jeden Preis
vermeiden wollte,
bereits begonnen.

Erstaunlich,
ich bin nicht Spieler,
sondern werde gespielt.

Bleibt die Frage,
ob die Puppe
bei Verfolgung der Fäden
ihren Spieler
erkennen kann?

Und wenn ja,
was hätte sie
davon?

DARF ICH?

Darf ich Mann sein,
nur für den Moment,
wo ein Blick in deine Augen
mich Dinge träumen lässt,
die ich nicht wage
auszusprechen.

Darf ich Mann sein,
nur für den Augenblick,
wo in dich ansehe
und ahne
welche Schätze du
für den Auserwählten
verborgen hältst.

Darf ich Mann sein
und bevor du nein sagst,
lass dir erklären,
das mit dem Heiligenschein
habe ich schon versucht.

Der erste drückte
hinter den Ohren
und der zweite rutschte
mir immer über die Augen.

ÜBERLEGUNGEN

Manchen Menschen
ist offenbar nicht klar,
wie sehr der falsche Umgang
mit Worten
andere verletzen kann.

Die Einführung
eines Waffenscheins
fürs Reden
halte ich allerdings
für übertrieben.

DAS ENDE

Am Abend eines sonnenlosen Tages
    Geht auch der Mond nicht auf
Das ENDE ist kurz vor dem Ende
Und dennoch
    - Es geht uns gut -
Du musst nur daran glauben
Und das, was alle glauben,
Ist richtig
    Das glauben alle
Und dann bin ich doch alleine
Der Einzige, der stirbt,
Wenn die Welt untergeht,
    Weil ich als Einziger daran glaube

NUR FÜR DICH

Ich will nicht mit dir weinen,
dazu fehlt mir die Kraft,
doch lass mich mit dir Lachen
und ich hab das Gefühl zu helfen.

Ich will dich nicht bedauern,
dazu fehlt mir der Sinn,
doch lass mich deinen Mut stärken
und ich hab das Gefühl zu helfen.

Ich will dich nicht bedrängen,
dazu fehlt mir der Mut,
doch lass mir das Gefühl zu helfen
und ich glaube das würde uns gut tun.

PRIORITÄTEN

Mit dir schlafen,
ja,
vielleicht,
irgendwann,
nicht so wichtig.

Mit dir reden,
zärtlich sein,
für einander,
bei einander,
das zählt,
das ist wichtig.

Alles andere
macht sicher
Spaß,
aber man verliert
sich dabei
oft aus den Augen.

ANTWORTEN

Natürlich spüre ich
deine fragenden Blicke.
Natürlich ahne ich
was du wissen willst.

Aber willst du wirklich
die Antworten wissen
bevor du weißt,
ob du die richtigen Fragen stellst?

Jede Antwort
ist ein Ende.
Viele Antworten
sind viele Enden.
Alle Antworten
heißt alles zu Ende.

Liest du bei Büchern
das letzte Kapitel
zuerst?

DER KLEINE UNTERSCHIED

Du denkst ich bin
traurig.
Doch das stimmt nicht ganz.
Ich bin
nicht fröhlich.
Und das ist
der kleine Unterschied.

DER KAMPF DER GESCHLECHTER

Ich wurde verwundet
im Kampf der Geschlechter,
von der Liebe gestreift,
Überlebenschance Null.

Aber nach einiger Zeit
erwachte ich
aus einem Traum.

Diese Liebe war doch
nur Illusion.

Ich warte also weiter
auf den
Volltreffer.

ÜBERRESTE

Eines schönen Tages
Ist auch der letzt denkbare Gedanke gedacht
Und dann wird abgebaut
Die Show ist zu Ende
Es bleibt, was immer bleibt
Nach großen Veranstaltungen
- ABFALL -
Und das war die größte Aufführung
Seit Menschengedenken
Doch diesmal kommt keiner
Den MÜLL zu holen
Alle sind sie gegangen
Wohin, ich kann es nicht sagen
Nur wieder kommt keiner
Jedenfalls nicht von denen

PRIORISIERT

1. du bist du,
2. du bist interessant,
3. du bist intelligent,
4. du bist aufrichtig,
5. du bist konsequent,
6. du bist nett,
…
99. du bist eine Frau,
100. du bist hübsch.

Es gibt jemanden
auf dieser Welt
den ich sehr beneide!

FREUNDSCHAFT

Du nennst mich
FREUND

und so
wie du
mich behandelst
bin ich froh

dass du
mich nicht
FEIND
nennst

WARUM?

Warum
machst du es mir
eigentlich
so schwer,
dich zu verstehen?

Nicht nur,
dass du mir
oft
rätselhaft bist.

Nein,
auch wenn du mal
klar und eindeutig
erscheinst

schaffst du es
wenig später
ein völlig anderes Bild
zu liefern.

Weißt du,
dass ich deshalb
oft am
Verzweifeln bin,

weil ich denke,
dass ich mich doch
klar ausdrücke

und du
inzwischen
ahnen solltest,
was du
mir bedeutest.

Warum
machen wir es uns
eigentlich
so schwer …

DER WEG

Regentropfen in meinem Herzen,
    wo ist der Sonnenschein?
Nebelschwaden in meinem Kopf
    und ich suche den richtigen Weg.
Pfade im Dunkeln
    führen ins Licht,
    aber wann bricht der Morgen an?
Lasst mich alleine,
    bleibt doch lieber hier,
    sodass ich mich nicht verirre.
Es ist schon spät,
    die Uhren gehen vor
    und die Zeit, die bleibt einfach nicht
stehen.
Ich will und ich kann,
    doch der Weg, der ist weit
    und wo führt er überhaupt hin?
Wo ist das Ziel,
    dort hinter dem Berg?
Vielleicht!

Künstliche Intelligenz

Künstliche Intelligenz,
soweit es die gibt,
hat einen Vorteil.
Nie wird sich ein Computer
durch Liebe oder durch Hass
von seiner Arbeit abbringen lassen.

Hoffentlich.

Vertrieben

Vertrieben
aus dem Paradies.
Verloren
in dieser Welt.
Kein Platz
für Träumer,
kein Platz
für mich.

HELDEN STERBEN EINSAM

Und wieder
Stirbt ein Held

Einsam
Wie vorhergesagt

Als er tat
Was sie erwarteten
War er gefeiert

Als sie sich
An ihn
Gewöhnt hatten
War er
Normal

Und irgendwann
War er
Lästig
Nervig

Man vermied
Den Kontakt
Und
Vergaß ihn

Nun stirbt er
Einsam
Wie vorhergesagt

NUR EIN SPIEL

Wie heißt das Spiel,
das du mit mir spielst?
Und welche Rolle
hatte ich
in diesem Spiel?
Reine Neugier:
hast du mich jetzt
getauscht
oder
geopfert
oder
war es nur ein Fehler
und du wolltest
mich gar nicht
verlieren?

Wie auch immer
ich wünsche mir,
dass du das Spiel
gewinnst.

ES WAR EINMAL

Ich hatte
eine gute Freundin
mit der ich
über alles
reden konnte

Sie ist
gegangen
ließ mich
alleine
zurück

Jetzt
rede ich
mit mir
selbst

DU FEHLST MIR (MIT ERKLÄRUNG)

Wenn ich dir einfach sage,
„Du fehlst mir"
besteht die große Gefahr,
dass du mich falsch verstehst.

Was ich meine ist,
dass deine Anwesenheit
mich positiv beeinflusst
und deine Abwesenheit
bewirkt das Gegenteil.

Wie viel schöner hört sich da an
„Du fehlst mir".

ASTRONOMISCHE LIEBESERKLÄRUNG

Ich war gerade dabei,
die Sterne am Himmel
zu zählen,
als du
in mein Leben tratst.

Ich habe dabei vergessen,
wie weit ich
mit dem Zählen war.

Ist aber auch egal,
für mich gibt es
sowieso nur noch
einen Stern.

NACHDENKEN

Dir ganz speziell
kann ich es
niemals
recht machen.

Du willst es
immer anders
als es ist.

Früher
machte ich
mir deshalb Sorgen.

Inzwischen
glaube ich,
dass du
selbst
nicht weißt
was du willst.

Denk mal
darüber nach!